J 398.6 VAL

Adivinanzas y trabalenguas

EAGLE VALLEY LIBRARY DIST.
BOX 240 EAGLE, CO 81631
(970) 328-8800

WITHDRAWN

Directora de la colección:
M.ª José Gómez-Navarro

Proyecto y realización:
Torre de Babel, S. L.

Diseño de cubierta:
SPARAFUCILE/MASHICA

Ilustración de cubierta:
CLAUDIA RANUCCI

Primera edición: mayo 2002
Cuarta edición: febrero 2005

© De esta edición: Editorial Luis Vives, 2002
Carretera de Madrid, km 315,700
50012 Zaragoza
Teléfono: 913 344 883
ISBN: 84-263-4803-3
Depósito legal: Z. 121-05
Talleres Gráficos Edelvives
50012 Zaragoza

 Talleres Gráficos
Certificados ISO 9001

Printed in Spain

Reservados todos los derechos. Queda prohibida,
sin la autorización escrita de los titulares del *copyright*,
la reproducción total o parcial, o distribución de esta obra
por cualquier medio o procedimiento, comprendidos
el tratamiento informático y la reprografía.

ADIVINANZAS Y TRABALENGUAS

selección de **J. C. Vales**
ilustraciones de **Natasha Rosemberg**

 colección
Alcancía

Edelvives

Introducción

Las adivinanzas son un juego de ingenio: una pequeña estrofa que plantea un enigma en forma de acertijo. De origen casi tan antiguo como la humanidad, nacen de la imaginación popular y han sido transmitidas oralmente. Ya Edipo en su viaje a Tebas, para evitar que la Esfinge lo devorase, tuvo que resolver un enigma: «¿cuál es el animal que de pequeño anda a cuatro patas, de adulto sobre dos y, ya viejo, se apoya sobre tres?».

Este libro recoge una pequeña muestra de los cientos de adivinanzas que la sabiduría popular ha conservado. Algunas son muy sencillas y otras no tanto, aunque seguro que todas aguzarán nuestro ingenio y estimularán nuestra imaginación. Para contrastar las respuestas, al final del libro se incluye un índice con sus soluciones.

La antología se completa con una pequeña colección de trabalenguas. Resulta difícil pronunciar estos enrevesados juegos de palabras sin cometer alguna equivocación.

ADIVINANZAS

1
En alto vive,
en alto mora,
en alto teje
la tejedora.

2
Casa con dos cuartos,
nueva cada mes,
llena está de gente,
adivíname quién es.

3
Pico de cuerno,
ala de ave,
rodilla atrás
y anda adelante.

4

Me pongo la capa para bailar,
me quito la capa para bailar,
yo no puedo bailar sin capa,
y con capa no puedo bailar.

5

¿Qué animal de buen olfato,
cazador dentro de casa,
rincón por rincón repasa
y lame, si pilla, un plato?

6
Soy un palito muy derechito
y encima de la frente
tengo un mosquito.

7
Somos dos lindos gemelos
del mismo modo vestidos,
morimos todas las noches
y por el día vivimos.

8
Salgo de la sala
y entro en la cocina
meneando la cola
como una gallina.

9
Alto, altanero,
gran caballero;
gorro de grana,
capa dorada,
y espuelas de acero,
canta el primero.

10
¿Cuál será, será el último pez?

11
Una adivinanza te voy a poner,
a ver si adivinas qué cosa es.
Tiene dos patitas
y no tiene pies,
plumas de colores
y pico también.
Cuando tiene hambre
suele decir pío,
cuando tiene frío
se mete en el nido.

12
Llanura blanca
con flores negras
y varios bueyes
arando en ella.

13
Verde me crié,
rubio me cortaron,
duro me molieron,
blanco me amasaron.

14
Oro parece,
plata no es,
quien no lo adivine,
bien tonto es.

15
Una casita con dos ventanas,
¡qué bizco te pones
si quieres mirarla!

16
Redondo como una cazuela,
tiene un ala y no vuela.

17
Cuando iba,
fui con ellas.
Y cuando volví,
me encontré con ellas.

18
Con las herramientas
que llevo al costado
trabajo, escribo,
me rasco y me lavo.

19
Blanca por dentro,
verde por fuera,
si quieres que te lo diga,
espera.

20

Blanco fue mi nacimiento,
colorada mi niñez,
y ahora que voy para vieja
soy más negra cada vez.

21

Con la cama de un navío,
la casa de un centinela,
se hace el nombre de una planta
sin que le falte una letra.

22

¿Quién es éste que se arrima
trayendo su casa encima?

23

Cuatro señoritas
van para Francia;
ruedan y ruedan
y nunca se alcanzan.

24

Una enfrente de la otra,
no se pueden separar,
y al pasar un coche en medio
se terminan por juntar.

25
Por las mañanas y las tardes crece,
pero a mediodía desaparece.

26
Tengo hojas sin ser árbol,
te hablo sin tener voz,
si me abres no me quejo,
adivina quién soy yo.

27
Por el pico, pica,
y por la cabeza
saca tripa.

28
Chiquita como un ratón,
pero guarda la casa como un león.

29
¿Quién es el que anda
de mañana a cuatro pies,
a mediodía con dos
y por la noche con tres?

30

Golpe va
y golpe viene,
y en su puesto
se mantiene.

31

Una señorita
va por el mercado,
con su cola verde
y traje morado.

32
Frotando nace,
soplando crece,
tapado muere.

33
Adivina quién soy:
cuanto más lavo,
más sucia estoy.

34
Mi hermana y yo, diligentes,
andamos siempre al compás,
con el pico por delante
y los ojos por detrás.

35
Cuatro gatos en un cuarto,
cada gato en un rincón,
cada gato ve tres gatos,
adivina cuántos son.

36
En alto vive,
en alto vuela,
en alto toca
la castañuela.

37
¿Qué son las cosas
que entran en el río
y no se mojan?

38
Verde en el monte,
negro en la plaza
y, dentro del fogón,
coloradito en casa.

39
¿Qué cosa es,
que cuanto más intensa se hace
menos se ve?

40
Un árbol con doce ramas,
cada una con cuatro nidos,
cada nido siete pájaros
y cada cual con su apellido.

41
Soy pequeño y alargado
y en dos conchas colocado;
como no puedo nadar,
me pego a las rocas del mar.

42
Una señora,
muy señoreada,
siempre va en coche
y siempre va mojada.

43
Camina con la cabeza
y nunca tiene pereza.

44
Alto como un pino
y pesa menos que un comino.

45
Doce señoritas
en un mirador,
todas tienen medias
y zapatos no.

46
Tan redonda como un queso,
nadie puede darle un beso.

47
¿Qué es, qué es,
que te da en la cara
y no lo ves?

48
Adivina, adivinador,
no te dice nada y te dice todo,
no siempre te engaña,
o te vuelve loco.

49
No toma té,
ni toma café,
y está colorado,
dime, ¿quién es?

50
Dicen que mi tía Cuca
arrastra una mala racha,
¿quién será esta muchacha?

51
Si te la digo lo sabes,
si no te la digo también,
¿qué es?

52
Tito, tito,
capotito,
subo al cielo,
y pego un gritito.

53

Es una señora
muy exigente,
cada cuatro horas
quiere hincar el diente.

54

En las manos de las damas
casi siempre estoy metido;
unas veces estirado
y otras veces encogido.

55

En el campo me crié,
entre verdes lazos,
aquél que llora por mí,
me está haciendo mil pedazos.

56

Es un gran señorón:
tiene verde sombrero
y pantalón marrón.

57

Doy al cielo resplandores
cuando cesa de llover.
Abanico de colores
que jamás podrás coger.

58
Un bichito verde
sobre la pared,
corre que te corre,
busca qué comer.

59
Diez son en total,
dos a dos iguales
como el original.

60
De siete en siete vamos,
cogiditos de las manos.

61
Verde nace,
verde se cría
y verde sube
los troncos arriba.

62
Dos niñas van a la par
y no se pueden mirar.

63
En el mar es donde vivo,
plateado mi color;
cruzo veloz el rayo,
adivina quién soy yo.

64
Pérez anda,
Gil camina,
tonto el que no lo adivina.

65
Soy un viejo arrugadito
que si me echan al agua
me pongo gordito.

66
¿Qué es lo que se dice,
una vez en un minuto
y dos en un momento?

67
En un cuartito
oscuro y caliente,
hay bailando
mucha gente.

68
Anda, anda y anda,
y nunca llega a Peñaranda.

69
Un platito de avellanas,
que de día se recoge
y de noche se derrama.

70
Larga y lisa,
y lleva puesta una camisa.

71
En verano barbudo
y en invierno desnudo.

72
Veintiocho caballeros
de espaldas negras y lisas,
delante, todo puntitos
que, por ganar, se dan prisa.

73
Quiere leche y no es lechera,
¿qué será?

74
Le pegaron a Ma, a Me, a Mo y a Mu.
¿A quién se ha de pegar?

75
Estoy en el sol,
estoy en el río,
y cuando camino
voy contigo.

76
Dos buenas piernas tenemos
y no podemos andar,
pero el hombre sin nosotros,
no se puede presentar.

77
De punta fina y cabeza gorda,
no vale una perra gorda.

78
En el agua se hace
y en ella se deshace.

79
Por una escalera larga,
peldaños blancos y negros,
sube y baja a sus diez hijos
con sonoros martilleos.

80
Y su casa,
¿qué sería?

81
Redondito como un queso
y con cien metros de pescuezo.

82
Orejas largas,
rabo cortito;
corro y salto
muy ligerito.

83
Va al campo y no come,
va al río y no bebe,
y con dar voces se mantiene.

84
Cae de una torre
y no se mata,
cae en el agua
y se desbarata.

85
Brazos con brazos,
panza con panza,
y rascando en medio
se hace la danza.

86
Aunque sea blanco
lo llaman azul,
y aunque esté muy cerca
lejos lo ves tú.

87
Se pone para dormir
aunque no sea un camisón;
y puede ser de lana o algodón.

88

Para salir a la esquina
ponte pan en el talón
y camina.

89

Tiene rabo de gato,
piel de gato,
patas de gato
y nariz de gato,
pero no es gato,
¿qué es?

90
Llevo mi casa al hombro,
camino sin una pata,
y voy marcando mi huella
con un hilito de plata.

91
Muchas damas en un corral,
todas lloran a la par.

92
Soy amiga de la luna,
soy enemiga del sol;
si viene la luz del día,
alzo mi luz y me voy.

93
Las tocas de doña Leonor,
que los montes cubren
y los ríos no.

94
Figura redonda,
cuerpo colorado,
tripas de hueso
y zancos de palo.

95
Adivina,
adivinajera:
no tiene traje
y sí faltriquera.

96

Un tablero muy bien cuadrado,
con sus casas y sus leyes,
donde pasean los reyes,
las damas y los soldados.

97

Vestido de duelo
no pierdes tu turno,
chirrido nocturno
salido del suelo.

98

Una señorita
de carnes muy blandas,
que sin ser enferma
siempre está en la cama.

99

Me lleváis
me traéis
y si sois nuevos
quizá me mordéis.

100

Sube y sube cuanto puede,
da una gran voz...
y se muere.

101

Zagal, buen zagal:
cien veces me has visto,
si no cuento mal.
Y ahora, una vez más.
Si eres tan listo,
quién soy, lo sabrás.

102

Wamba y Witiza
me tienen de pie;
Víctor, sólo a medias,
y Muza, al revés.

103
Somos doce hermanos
y yo el más chiquito;
cada cuatro años
me crece el rabito.

104
Boca pequeña,
estrecho pie
y ancha barriga
para beber.

105
El roer es mi trabajo,
el queso mi aperitivo,
y el gato ha sido siempre
mi más temido enemigo.

106
Un cántaro lleno,
¿de qué pesa menos?

107

Unas regaderas
más grandes que el sol,
con las que riega el campo
Dios Nuestro Señor.

108

Vence al tigre, vence al león,
vence al toro embravecido,
vence a señores y reyes,
que a sus pies caen rendidos.

109

¿Qué cosa es
que todos tenemos
pero no la vemos
y sólo la sabemos
porque lo cogemos?

110

Blanca como la paloma,
negra como la pez,
habla y no tiene lengua,
anda y no tiene pies.

111

Una colcha muy remendada,
y no tiene una puntada.

112

Allí van dos,
uno se moja,
el otro no.

113
Soy yerba titiritera
que me subo a la pared,
echo las casas abajo,
¿qué cosita es?

114
Sobre la vaca, la O,
a que no lo aciertas, no.

115
Dos caballitos
en una balanza,
siempre corriendo
y nunca se alcanzan.

116
Es un palo de cristal
con bolita en el final,
lo cogemos en la mano
y escribe hasta un romano.

117
Ayer vinieron,
hoy han venido,
vendrán mañana
con mucho ruido.

118

Una puerta,
dos ventanas,
dos luceros,
una plaza,
caballeros.

119

Una cara y dos manos
pegados a la pared.
¿Qué es?

120
Cien murciélagos y un gorrión,
¿cuántas patas y picos son?

121
Soy tan grande como el mundo
y en un todo no me ves,
te rodeo todo el cuerpo,
también de cabeza a pies.

122
Tiene cuatro letras,
cuatro nada más,
si repites una,
su nombre dirás.

123
He aquí una cosa
que todos lo toman
y nadie la roba.

124
Una especie de collar
para tu linda muñeca,
no lo debes colocar
en tu cabecita hueca.

125
Una vieja tontiloca,
con las tripas en la boca,
llama gente y alborota.

126
Ojitos verdes,
grandes bigotes,
zarpas veloces.

127
Soy amarillo por dentro
y de blanco cascarón,
en el mundo me hizo célebre
un tal Cristóbal Colón.

128
Lleva por sandalias
unas anchas hojas,
y por caravanas,
unas fresas rojas.

129
Once guerrilleros juntos
y otros tantos enfrentados,
tratando de ganar puntos
metiendo un astro entre palos.

130
Sábana blanca tendida.
Mariquita negra
le baila encima.

131

Cien amigos tengo
sobre una tabla
y si no los toco
ellos no me hablan.

132

Con mi cara encarnada,
y mi ojo negro,
y mi vestido verde,
el campo alegro.

133

Sin el aire yo no vivo,
sin la tierra yo me muero;
tengo yemas, no soy huevo,
tengo capa y no sombrero.

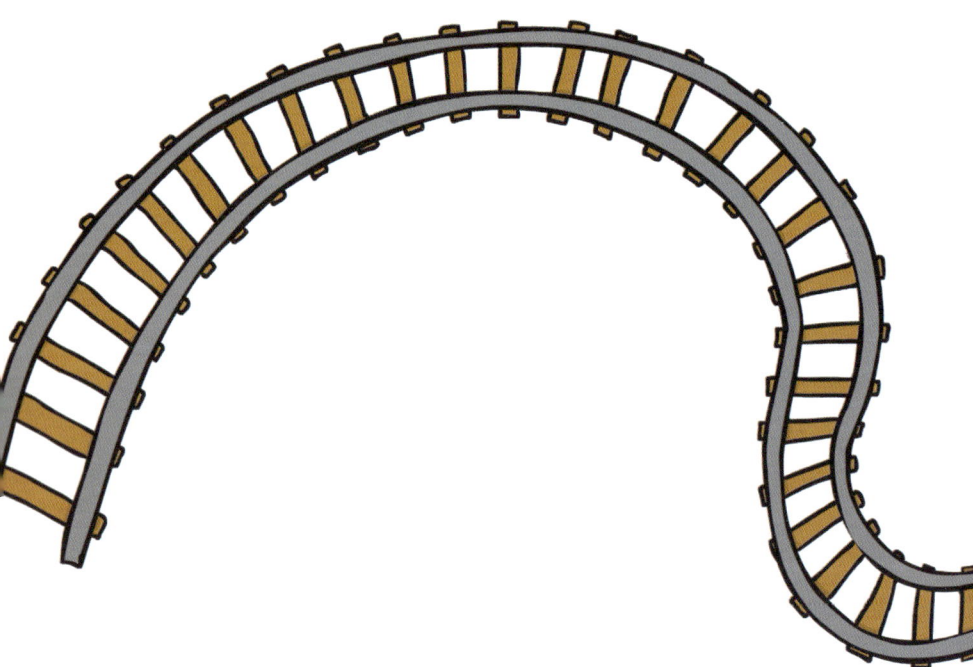

134
Yo soy yo,
pero sin o.

135
Tengo cabeza redonda
sin nariz, ojos ni frente,
y mi cuerpo se compone
tan sólo de blancos dientes.

136
En camino de hierro
siempre estoy,
por camino de hierro
siempre voy.

137
¿Quién será la desvelada,
lo puedes tú discurrir,
día y noche acostada
sin poder dormir?

138
Unos dicen que soy lento,
otros, más fugaz que el viento;
unos, que borro las penas
o las doy a manos llenas.

139
Soy de lana calentita;
si me ponen del revés
las costuras tú me ves.

140
Una gallina negra
pasó por el mar;
ni mar ni marinero
la pudo atajar.

141
Ni el fuego la quema
ni el agua la moja,
¿quién es esa moza?

142

En blanco pañal nací,
en verde me transformé,
y durante el crecimiento,
amarillo me quedé.

143

San Francisco,
San Francisco,
si la miro
quedo bizco.

144
Me llaman leo,
me apellido pardo,
quien no lo adivine
es un poco tardo.

145
En un subir y bajar
tengo mi vida pendiente;
como te encuentras valiente,
adivina sin pensar.

146
¿Qué cosa será aquella
que mirada del derecho
y mirada del revés
siempre un número es?

147
Madre me labró una casa,
sin puertas y sin ventanas,
y cuando quiero salir
rompo antes las murallas.

148
Es larga como una soga
y tiene dientes de loba.

149
Blanco fue su nacimiento
y se convirtió en tizón,
tiene manos de león
y cuello de calabaza;
anda en fila a la caza
y come bien en su casa.

150
Cien damas en un instante
a todas las vi nacer,
y a las cien en un segundo
las vi desaparecer.

151
Cinco varillas
en un varillar.
Ni verdes ni secas
se pueden cortar.

152
Es muy oscura y es clara,
tiene mil contrariedades,
encúbrenos las verdades,
y al cabo nos las declara.
          MIGUEL DE CERVANTES

153
¿Qué cosa es
lo que corre
sin tener pies?

154
Soy un animal
que las cinco vocales
sabe guardar.

155

Sin mí no tendrías pan,
ni pasteles, ni empanadas;
nazco verde y soy dorada
por los días de San Juan.

156

Para sacar un animal de una cuadra,
¿qué será lo que te hace falta?

157

Blanco salí de mi casa,
con el tiempo enverdecí;
pero como blanco fui,
blanco a mi casa volví.

158

El enamorado esté divertido,
que queda dicho mi nombre
y el color de mi vestido.

159
Con sus tripas arrugadas,
soplidos da de dragón,
y oirás presto cómo gime
si le aprietas un botón.

160
No corre ni vuela,
pero siempre te precede
cuando vas o cuando llegas.

161
Alto, alto como iglesia,
bajo, bajo como mesa;
dulce, dulce como miel,
y amargo como la hiel.

162
Empiezo en loco
y no lo soy,
aunque atropello
por donde voy.

163
Redondo, redondo,
no tiene tapa,
ni tiene fondo.

164

Sin ella en la mano,
ni entras ni sales,
ni vas a la calle.

165

Corto sin tijeras,
coso sin aguja,
echo el tranco largo
y ando sin ventura.

166
¿Qué es, qué es,
del tamaño de una nuez,
que sube la cuesta
y no tiene pies?

167
Con dos patas encorvadas
y dos amplios ventanales
quitan sol o dan visión
según sean sus cristales.

168
Mis dientes son afilados,
brillan y brillan al sol;
aunque me falta la boca,
soy bastante comilón.

169
Doce caballeros
nacidos del sol,
todos mueren antes
de los treinta y dos.

170
Me llegan las cartas
y no sé leer,
y aunque me las trago,
no mancho el papel.

171
Y lo es, y lo es, y lo es,
y tú no me lo aciertas
aunque pase un mes.

172

Anteayer huevecito,
ayer capullito;
mañana volaré
como un pajarito.

173

En verdes ramas nací,
en pedrera me mataron;
en un pozo me metí,
del pozo me sacaron
y a todo el mundo serví.

174

El burro me lleva a cuestas,
metida voy en un baúl,
yo no la tuve jamás
y siempre la tienes tú.

175

Choco con tranvía,
late mi corazón,
y quien no lo adivine
es un gran tontorrón.

176
¿Quién puede hablar
en todas las lenguas?

177
En el monte fui nacida,
cubierta de verdes ramas,
para venir a servir
a la señorita y dama.

178
Pan y pan y medio,
dos panes y medio;
cinco medios panes,
¿cuántos panes son?

179
En todos los días de la semana
me hallarás,
no así en domingo,
que no me encontrarás.

180
Un señor muy encumbrado,
anda mejor que un reloj;
se levanta muy temprano
y se acuesta a la oración.

181
En un monte espeso
brama un toro sin pescuezo.

182
Me usan en verano,
pero no en invierno;
hago el agua fresca
en el mismo infierno.

183

Lana sube,
lana baja,
el ladrón
que la trabaja.

184

Por un camino estrechito
va caminando un bichito
pero el nombre de este bicho
hace tiempo os lo he dicho.

185

Termino cabeza arriba
y empiezo cabeza abajo,
y tan sólo a preguntar
se limita mi trabajo.

186

Con su risa mañanera
toda la playa alborota,
pescadora y marinera.

187

Canto en la orilla,
vivo en el agua,
no soy un pez,
ni soy cigarra.

188
En medio de un campo blanco
hay una flor amarilla,
que se la puede comer
el mismo rey de Castilla.

189
Mi padre en Francia
y yo aquí,
me hizo una seña
y yo la vi.

190
Alto palacio,
rica hermosura,
paño labrado,
fruta ninguna.

191
Millones de soldaditos
van unidos a la guerra,
y arrojan lanzas que caen
de punta sobre la tierra.

192
En un monte muy espeso
anda un animal sin hueso.

193
¿Qué cosa es,
que te agarra
y no lo ves?

194
Ave que vuela,
truz que camina,
tonto será
quien no lo adivina.

195
Verde fue mi nacimiento
y amarillo fue mi abril;
tuve que ponerme blanco
para poderte servir.

196
Treinta y dos sillitas blancas
en un rojo comedor,
y una vieja parlanchina
que se mueve sin temor.

197
Doce palomitas en un palomar,
a la hora, a la media
y a los cuartos salen a volar.

198
Antes éramos lozanas,
en el estío, verdillas,
ahora el viento nos lleva
de un lado a otro, amarillas.

199
¿Cuál es la cosa
que encima de todo se posa?

200
Vivo entre dos muros
que no pueden verse
y aunque no me doblo
me dobla la gente.

201
Tiene hocico y no es perro,
tiene aletas y no es pez,
tiene bigote y no es gato,
y, además, nada. ¿Quién es?

202
Una paloma en su palomar,
todos la ven salir
y ninguno entrar.

203
Dos hermanas son,
pero muy distintas
en su educación.

204
No es león y tiene garra,
no es pato y tiene pata.

205
Del trabajo soy amiga
y por él adquirí fama;
mi nombre, sin que lo diga,
es la palabra que falta
en *La cigarra y...*

206
Un gavilán iba cazando,
muchas palomas volando.
—¿Cuántas son?
—Los que vamos,
otros tantos de los que vamos,
la mitad de los que vamos,
la cuarta parte de los que vamos,
y usted, señor gavilán,
hacen un ciento cabal.

207
Sobre la punta
de una barranca
hay cinco niñas
con gorras blancas.

208
Dedos tiene dos,
piernas y brazos no.

209
Redondo como un tonel
y nadie se puede sentar en él.

210
¿Quién, allá en lo alto,
en las ramas mora,
y allí esconde avara
todo lo que roba?

211
Nazco y muero sin cesar,
sigo, no obstante, existiendo,
y sin salir de mi lecho,
me encuentro siempre corriendo.

212
Caballito de banda a banda
que no come, ni bebe, ni anda.

213
Dos vacas detrás de una vaca,
dos vacas delante de una vaca
y una vaca en medio.
¿Cuántas vacas son?

214
Dos torres altas,
dos miradores,
un quitamoscas,
cuatro andadores.

215
La almiranta
se dispone,
después canta,
luego pone.

216
¿Qué cosa es
que cuanto más profundo
más grande es?

217

En primavera deleito,
en verano te refresco,
en otoño te alimento
y en invierno te caliento.

218

Es copa redonda y negra:
boca arriba está vacía
y boca abajo llena.

219

Dos sirenitas van a la par,
con las aletas delante
y los ojos detrás.

220

Frito me comen muy rico,
mi mujer es muy picante,
rojo y verde en el vinagre;
en otoño me recoge
el hombre de saco grande.

221

Un corral de vacas blancas
y en medio la «colorá».
¿Qué será?

222

No es cama,
no es león,
y desaparece
en cualquier rincón.

223

Sesenta y cuatro naciones,
mitad blancas, mitad negras,
en que treinta y dos figuras
juegan a juegos de guerra.

224

No soy persona ni bestia,
con todos he de tratar;
faltándome boca y lengua,
todo el día debo hablar.

225

Pie por pie fueron calzando
hasta los cien que tenía
y para calzarle todos
tardaron más de cien días.

226

Una dama en verde prado
con vestido bien bordado.

227

Volaré donde mandes,
sea donde sea iré,
aunque alas no poseo,
ni tampoco tengo pies.

228

Animal soy, desde luego;
me llaman el jorobado,
y que tengo cuatro patas
ya se da por descontado.

229

Ave y no vuela,
llana y es curva,
quien no adivina ésta
no adivinará ninguna.

230

Tiene famosa memoria,
fino olfato y dura piel,
y las mayores narices
que en el mundo pueda haber.

231
Son veintiocho caballeros
ataviados con levita,
que se ponen en la mesa
a jugar una partida.

232
En medio del cielo estoy,
sin ser lucero ni estrella,
sin ser sol ni luna bella.
A ver si sabes quién soy.

233
Soy una loca amarrada
que sólo sirvo
para ensalada.

234
La fiesta sin disciplina
que en un entierro termina:
el de la pobre sardina.

235
Cuando pasa,
¡cómo pisa!,
deja rasa
la camisa.

236

Lo hace el barco en cada puerto,
y lo usan, como manos,
tigre, leopardo y león;
porque son primos hermanos.

237

Aunque en el circo me exhiben,
en la selva me persiguen.

238
No es de carne,
ni de hueso,
aunque tiene
buen pescuezo.

239
Nunca podrás alcanzarme
aunque corras tras de mí,
y por más que quieras irte
siempre estaré junto a ti.

240
Soy muy viejo y soy muy niño,
corro más que si volara
y nadie me ha visto andar
ni por detrás, ni de cara.

241
Cuando calor tengo, frío,
y no frío sin calor.

242
Nadie lo ha visto en el mundo
ni lo ha llegado a tocar,
y ha derribado más casas
que arenas tiene la mar.

TRABALENGUAS

María Chucena
su choza techaba
y un techador
que por allí pasaba
le dijo:
—Chucena,
¿tú techas tu choza
o techas la ajena?
—Ni techo mi choza
ni techo la ajena,
que techo la choza
de María Chucena.

Luengas lenguas hacen falta
para no trabalenguarse,
el que no tenga una lengua luenga
bien podrá desesperarse.

Por la calle Carretas
pasaba un perrito;
pasó una carreta,
le pilló el rabito.
Pobre perrito,
cómo lloraba
por su rabito.

La institutriz Miss Trestrós
ha pegado un gran traspiés,
por subir al treinta y dos
en lugar de al treinta y tres.

Ana tiene una banana
que le regaló una enana
a cambio de una manzana.
Ana peló la banana,
y la enana la manzana;
la enana se resbaló
y Ana se comió las dos.

Compadre:
compre usted poca capa parda;
el que poca capa parda compra,
poca capa parda paga.
Yo, que poca capa parda compré,
poca capa parda pagué.

Me han dicho un dicho
que han dicho que he dicho yo.
Ese dicho está mal dicho,
pues si lo hubiera dicho yo,
estaría mejor dicho
el dicho que han dicho
que he dicho yo.

Paco Peco, rico chico,
insultó de un modo loco
a su tío Federico.
Y éste le dijo:
—Poco a poco,
Paco Peco; poco pico.

Clavijo clavó un clavo a su hijo,
pero el clavo clavado por Clavijo
no era el clavo calvo de su hijo,
por lo que Clavijo desclavó
el calvo clavo de su hijo.

Lloricas son los llorones,
con sus lloreras y lloriquear;
si lloraran junto con los llorones,
llorones y lloronas llenarían el mar.

Juan Quinto,
cuando estaba en Pinto,
contaba cuentos por cientos,
y un chico dijo contento:
—¡Cuántos cuentos cuenta Quinto!

Guerra tenía una parra
y Parra tenía una perra;
pero la perra de Parra
rompió la parra de Guerra.
Guerra pegó con la porra a la perra de Parra.
—Oiga usted, Guerra, ¿por qué ha pegado
con la porra a la perra de Parra?
—Porque si la perra de Parra
no hubiera roto la parra de Guerra,
Guerra no hubiera pegado
con la porra a la perra de Parra.

Fama tiene el que fuma,
quien fuma famoso es por fumar;
pero el que ni fuma ni tiene fama,
¿para qué quiere la fama sin fumar?

Cestas castas hacía Custo,
pues la casta de las cestas
que Custo costeaba por costas
eran costas a costa de Custo,
que costeaban a Custo las cestas,
las cuales Custo hacía por costas.

El cielo está enladrillado,
¿quién lo desenladrillará?
El desenladrillador que lo desenladrille,
buen desenladrillador será.

El perro de San Roque
no tiene rabo,
porque Ramón Rodríguez
se lo ha robado.

El hipopótamo Hipo
está con hipo.
¿Quién le quita el hipo
al hipopótamo Hipo?

Tengo una cabra ética, perética y pelapelambrética,
si los hijos de la cabra ética, perética y pelapelambrética
no fueran éticos, peréticos y pelapelambréticos,
la cabra no estaría ética, perética y pelapelambrética.

Antonio Antúnez
ahorraba apetito
apelotonándose
al amanecer.

Catalina cantarina,
Catalina encantadora.
¡Canta, Catalina, canta,
que cuando cantas me encantas!
Y que tu cántico cuente un cuento
que a mí me encanta.
¿Qué cántico cantarás,
Catalina cantarina?
Canta un cuento que me encante,
que me encante cuando cantes.
Catalina encantadora,
¿qué cántico cantarás?

Treinta y tres tramos de troncos
trozaron tres tristes
trozadores de troncos,
y triplicaron su trabajo,
de trozar troncos y troncos.

El ajo picó a la col.
La col picó al ajo.
Ajo, col y caracol,
caracol y col con ajo.

Mi chache tiene una chacha,
la chacha tiene dos chuchos,
los chuchos chupan a mi chache
y mi chache chilla a la chacha.

Hoy ya es ayer
y ayer ya es hoy,
ya llegó el día,
y hoy es hoy.

Pablito clavó un clavito:
¿qué clavito clavó Pablito?

Pepe Peña
pela papa,
pica piña,
pita un pito,
pica piña,
pela papa,
Pepe Peña.

De Guadalajara vengo,
jara traigo, jara vendo,
a medio doy cada jara.
¡Qué jara tan cara
traigo de Guadalajara!

El pato le dijo a la pata:
"Pata, para ti traigo patas arriba
la pata de un pato patón.
Patón patilargo,
patón como tú".
Le tiró la pata el pato a la pata
y la pata cogió al pobre pato a pata.

Erre con erre cigarro,
erre con erre barril.
Rápido corren los carros,
cargados de azúcar del ferrocarril.

Mariana Magaña desenmaraña
mañana la maraña que enmarañará
Marina Mañara.
¿Desenmañará mañana Mariana Magaña
la enmarañada maraña que enmarañó
Marina Mañara?

Los cojines de la reina.
Los cajones del sultán.
¡Qué cojines!
¡Qué cajones!
¿En qué cajonera van?

Si Sansón no sazona su salsa con sal, le sale sosa;
le sale sosa su salsa a Sansón si la sazona sin sal.

Compré pocas copas,
pocas copas compré,
y como compré pocas copas,
pocas copas pagué.

Un podador podaba la parra
y otro podador que por allí pasaba le preguntó:
"Podador que podas la parra,
¿qué parra podas?
¿Podas mi parra o tu parra podas?".
"Ni podo tu parra, ni mi parra podo,
que podo la parra de mi tío Bartolo".

En un tosco plato
comen tres tristes tigres trigo:
un tigre, dos tigres, tres tigres.

Barrendero que barrunta
por la senda del sendero,
será un buen barruntador
pero no un buen barrendero.

Ocho tochos, sucios mochos
en hilera deformados,
sostenidos por un corcho,
nunca fueron reformados
en otros tochos menos mochos
y en hilera bien formados.

De Roma llegó Romualda,
toda flaca, toda calva,
sorbiendo el nombre de Sor;
para qué tantos sorbidos,
cambia nombres y apellidos,
si antes de Roma Romualda,
Romualda estaba mejor.

Irreverente ante el reverendo,
reverberaba por la ribera
un río rebelde.
Y el reverendo le dijo:
—¡Deténte!
Pero el río, a más de rebelde,
era sordo,
y continuó irreverente
reverberando por la ribera
ante el reverendo impaciente.

—¿Usted no nada nada?
—No; yo no traje traje.

Abad y abadesa no son abadiítas,
sino abadiatos de una abadía;
pues abad de abadía sería abadiíta
si fuera de musulmana dinastía,
como la abadesa de una abadía
sería abadiato de la misma abadía.

Charo echa chistes,
Chema coge chapas,
Chelo tiene chicos;
los chicos de Charo,
las chapas de Chelo,
los chistes de Chema.

Como como poco poco,
poco poco compro,
poco poco como como,
compro poco poco.

Bárbara barba tenía el barbero de la barbería,
barbudos barbean en la barbería al barbero,
pero la barbada barba del barbero barbudo
era más bárbara que la que barbean los barbudos.

Juan tuvo un tubo,
y el tubo que tuvo se le rompió,
y para recuperar el tubo que tuvo,
tuvo que comprar un tubo
igual al tubo que tuvo.

Perejil comí, perejil cené.
¿Cuándo me desemperejilaré?

Un burro comía berros,
y el perro se los robó,
el burro lanzó un rebuzno,
y el perro al barro cayó.

Había una caracatrepa
con tres caracatrepitos.
Cuando la caracatrepa trepa,
trepan los tres caracatrepitos.

En el juncal de Junqueira
juntaba juncos Julián.
Juntóse Juan a juntarlos
y juntos juntaron más.

Cada caso con causa
cosquillas causa;
cada caso con caso
cadenas causa;
cada caso,
cada causa
causan causa.

El rey de Constantinopla
está constantinopolizado,
aquél que lo desconstantinopolice
buen desconstantinopolizador será.

Yo soy Diego y nada digo,
si digo o no digo, soy Diego;
pero si Diego soy, yo lo digo,
digo que si lo digo, soy Diego.

Qué col colosal colocó en aquel local el loco aquel.
Qué colosal col colocó el loco aquel en aquel local.

Cuando cuentes cuentos
cuenta cuántos cuentos cuentas,
porque si no cuentas cuántos cuentos cuentas
nunca sabrás cuántos cuentos cuentas tú.

Pancho Panza
compra y plancha
pantalones para Pancha.
Y le dice Pancha Panza:
"¿Qué estás planchando, Pancho?".
Y Pancho Panza responde:
"Pantalones compro
y pantalones plancho, Pancha".

Recia la rajada rueda
rueda rugiendo rudamente rauda,
¡rauda rueda rugiendo rudamente la rajada rueda!
¡Rueda rauda, recia rueda,
rauda reciamente rueda!
¡Rueda recia, rauda rueda,
rugiente rajada rueda!

¡Qué triste estás, Tristán,
con tan tétrica trama teatral!

Corazón de chirichispa
y ojos de chirichispé:
tú que me enchirichispaste,
hoy desenchiríspame.

Rasquín era un rascón
que rascaba en una risca,
con un tosco rasca risca rascador,
rasca que rasca acabó con el risco,
rasca la risca, rascó un rincón.

Me trajo Tajo tres trajes,
tres trajes me trajo Tajo.

El tomatero Matute
mató al matutero Mota,
porque Mota el matutero
tomó de su tomatera un tomate.
Por eso, por un tomate,
mató el tomatero Matute
al matutero Mota.

Copa de copín,
de copín copa,
el que no diga
copa de copín
de copín copa,
no bebe ni gota.

Cuando Petra a la potranca
le pegó con una tranca,
la potranca encabritó;
dando trotes la potranca,
trotó lejos de la tranca
y cerca de la barranca
a Petra una coz le dio.

Si porque te quiero quieres
que te quiera mucho más,
más de lo que quieres quiero,
¿qué más quieres?, ¿quieres más?

Yo tengo una muñeca pezcuecipelicrespa:
el que la despezcuecipelacrespara
buen despezcuecipelicrespador será.

Soluciones a las adivinanzas

1	La araña	28	La llave
2	La Luna	29	El hombre
3	La gallina	30	La puerta
4	La peonza	31	La berenjena
5	El gato	32	El fuego
6	La letra l	33	El agua
7	Los ojos	34	Las tijeras
8	La escoba	35	Cuatro gatos
9	El gallo	36	La cigüeña
10	El delfín	37	Los rayos del sol
11	El pájaro	38	El carbón
12	La escritura	39	La oscuridad
13	El trigo	40	El calendario
14	El plátano	41	El mejillón
15	La nariz	42	La lengua
16	El sombrero	43	La pelota
17	Las huellas	44	El humo
18	Los brazos	45	Las horas
19	La pera	46	La Luna
20	El caracol	47	El viento
21	La margarita	48	La adivinanza
22	El caracol	49	El tomate
23	Las ruedas del coche	50	La cucaracha
24	La cremallera	51	La tela
25	La sombra	52	El cohete
26	El libro	53	El hambre
27	La aguja de coser	54	El abanico

55	La cebolla	89	La gata
56	El árbol	90	El caracol
57	El arco iris	91	Las tejas
58	La lagartija	92	La luciérnaga
59	Los dedos	93	La nieve
60	Los días de la semana	94	La cereza
61	El lagarto	95	El canguro
62	Las pupilas	96	El tablero de ajedrez
63	La sardina	97	El grillo
64	El perejil	98	La almohada
65	El garbanzo	99	Los zapatos
66	La letra M	100	El cohete
67	Las palomitas de maíz	101	La adivinanza
68	La tortuga	102	La letra W
69	Las estrellas	103	El mes de febrero
70	La culebra	104	El cántaro
71	El bosque	105	El ratón
72	El dominó	106	De agujeros
73	La quesera	107	Las nubes
74	Mejor no decirlo: a mí	108	El sueño
75	La letra O	109	El pulso
76	Los pantalones	110	La carta
77	El alfiler	111	El cielo nublado
78	La sal	112	El paraguas
79	El pianista	113	La hiedra
80	La quesería	114	El bacalao
81	El pozo	115	Los ojos
82	El conejo	116	El bolígrafo
83	El cencerro	117	Las olas
84	El papel	118	La cabeza
85	La guitarra	119	El reloj
86	El azulejo	120	Dos patas y un pico
87	El pijama	121	El aire
88	El pantalón	122	Pepe

123	El sol	157	El arroz
124	La pulsera	158	Elena-morado
125	La campana	159	El acordeón
126	El gato	160	La puerta
127	El huevo	161	El fuego
128	La primavera	162	La locomotora
129	El fútbol	163	El anillo
130	El papel y la tinta	164	La llave
131	El piano	165	El barco
132	La amapola	166	El caracol
133	El árbol	167	Las gafas
134	La letra Y	168	El serrucho
135	El ajo	169	Los meses del año
136	El tren	170	El buzón
137	La cama	171	El hilo
138	El tiempo	172	La mariposa
139	El jersey	173	El aceite
140	La noche	174	La letra U
141	La sombra	175	El chocolate
142	El limón	176	El eco
143	La nariz	177	La mesa
144	El leopardo	178	Dos panes y medio
145	La respiración	179	La letra S
146	El seis y el nueve	180	El gallo
147	El pollo	181	El trueno
148	La zarza	182	El botijo
149	La hormiga	183	La navaja
150	Las chispas del fuego	184	La vaca
151	Los dedos	185	El signo de interrogación
152	La adivinanza	186	La gaviota
153	El agua	187	La rana
154	El murciélago	188	El huevo frito
155	La espiga	189	El relámpago
156	Que esté dentro	190	El cielo

191	La lluvia	217	El árbol
192	El piojo	218	El sombrero
193	El sueño	219	Las tijeras
194	El avestruz	220	El pimiento
195	El algodón	221	La lengua
196	La boca	222	El camaleón
197	Las horas del reloj	223	El ajedrez
198	Las hojas	224	El periódico
199	El pensamiento	225	El ciempiés
200	La esquina	226	La culebra
201	La foca	227	La carta
202	La saliva	228	El camello
203	Las manos	229	La avellana
204	La garrapata	230	El elefante
205	La hormiga	231	El dominó
206	Treinta y seis palomas	232	La letra E
207	Las uñas	233	La lechuga
208	La letra D	234	El carnaval
209	El pozo	235	La plancha
210	La ardilla	236	La zarpa
211	El río	237	El león
212	El puente	238	La botella
213	Tres vacas	239	La sombra
214	El buey	240	El aire
215	La gallina	241	La sartén
216	El hoyo	242	El huracán

Índice de trabalenguas

Abad y abadesa no son abadiítas, 110
Ana tiene una banana, 97
Antonio Antúnez, 103
Bárbara barba tenía el barbero de la barbería, 111
Barrendero que barrunta, 108
Cada caso con causa, 112
Catalina cantarina, 103
Cestas castas hacía Custo, 100
Clavijo clavó un clavo a su hijo, 98
Como como poco poco, 111
Compadre, 98
Compré pocas copas, 106
Copa de copín, 116
Corazón de chirichispa, 116
Cuando cuentes cuentos, 115
Cuando Petra a la potranca, 117
Charo echa chistes, 111
De Guadalajara vengo, 105
De Roma llegó Romualda, 109
El ajo picó a la col, 103
El cielo está enladrillado, 100
El hipopótamo Hipo, 101
El pato le dijo a la pata, 105
El perro de San Roque, 101
El rey de Constantinopla, 112
El tomatero Matute, 116
En el juncal de Junqueira, 112
En un tosco plato, 107
Erre con erre cigarro, 105
Fama tiene el que fuma, 100
Guerra tenía una parra, 100

Había una caracatrepa, 112
Hoy ya es ayer, 104
Irreverente ante el reverendo, 109
Juan Quinto, 99
Juan tuvo un tubo, 111
La institutriz Miss Trestrós, 96
Los cojines de la reina, 106
Luengas lenguas hacen falta, 96
Lloricas son los llorones, 99
María Chucena, 95
Mariana Magaña desenmaraña, 106
Me han dicho un dicho, 98
Me trajo Tajo tres trajes, 116
Mi chache tiene una chacha, 104
Ocho tochos, sucios mochos, 109
Pablito clavó un clavito, 104
Paco Peco, rico chico, 98
Pancho Panza, 115
Pepe Peña, 105
Perejil comí, perejil cené, 111
Por la calle Carretas, 96
Qué col colosal colocó en aquel local el loco aquel, 115
¡Qué triste estás, Tristán, 115
Rasquín era un rascón, 116
Recia la rajada rueda, 115
Si porque te quiero quieres, 117
Si Sansón no sazona su salsa con sal, le sale sosa, 106
Tengo una cabra ética, perética y pelapelambrética, 102
Treinta y tres tramos de troncos, 103
Un burro comía berros, 112
Un podador podaba la parra, 106
¿Usted no nada nada?, 110
Yo soy Diego y nada digo, 114
Yo tengo una muñeca pezcuecipelicrespa, 117

EAGLE VALLEY LIBRARY DIST.
BOX 240 EAGLE, CO 81631
(970) 328-8800